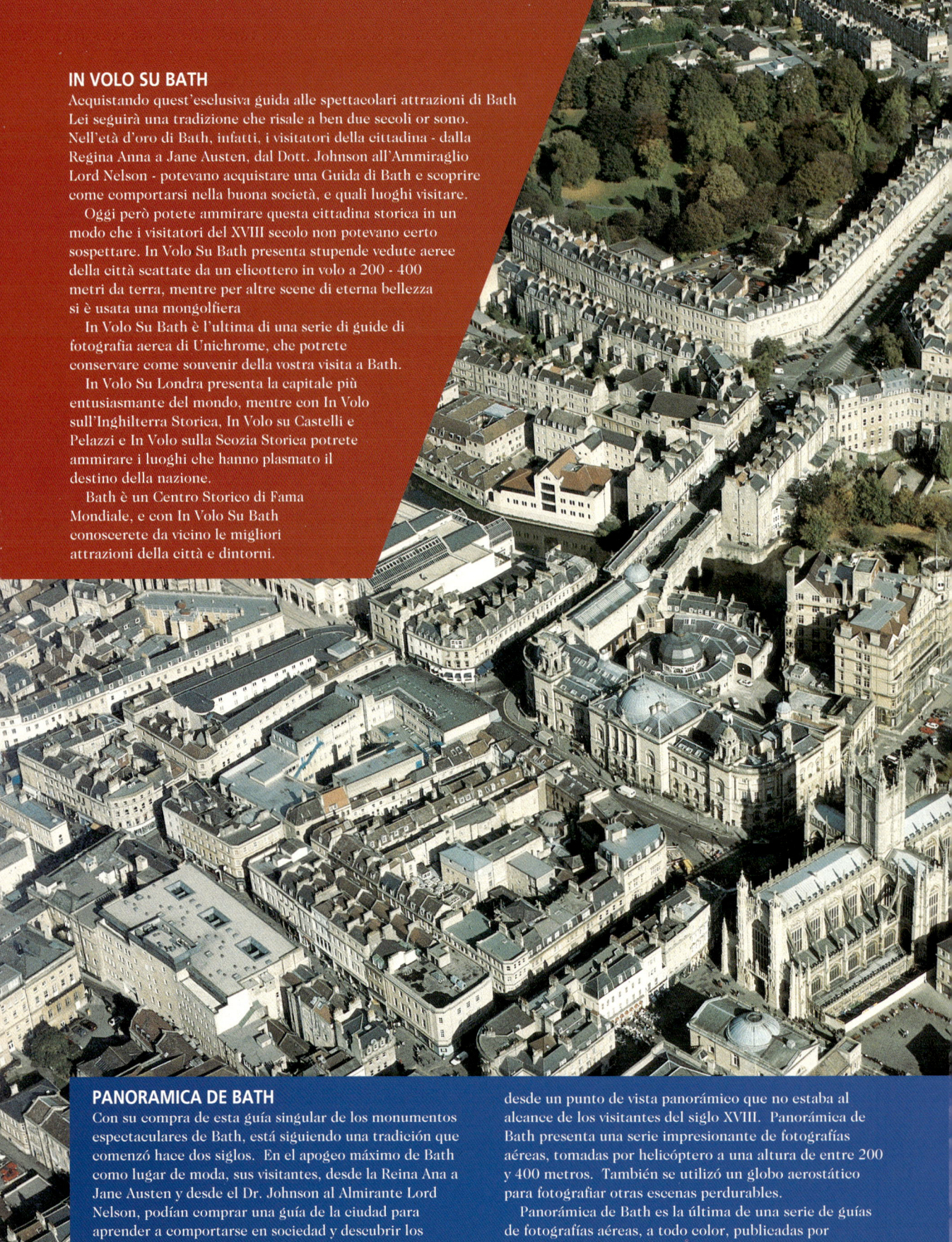

IN VOLO SU BATH

Acquistando quest'esclusiva guida alle spettacolari attrazioni di Bath Lei seguirà una tradizione che risale a ben due secoli or sono. Nell'età d'oro di Bath, infatti, i visitatori della cittadina - dalla Regina Anna a Jane Austen, dal Dott. Johnson all'Ammiraglio Lord Nelson - potevano acquistare una Guida di Bath e scoprire come comportarsi nella buona società, e quali luoghi visitare.

Oggi però potete ammirare questa cittadina storica in un modo che i visitatori del XVIII secolo non potevano certo sospettare. In Volo Su Bath presenta stupende vedute aeree della città scattate da un elicottero in volo a 200 - 400 metri da terra, mentre per altre scene di eterna bellezza si è usata una mongolfiera

In Volo Su Bath è l'ultima di una serie di guide di fotografia aerea di Unichrome, che potrete conservare come souvenir della vostra visita a Bath.

In Volo Su Londra presenta la capitale più entusiasmante del mondo, mentre con In Volo sull'Inghilterra Storica, In Volo su Castelli e Pelazzi e In Volo sulla Scozia Storica potrete ammirare i luoghi che hanno plasmato il destino della nazione.

Bath è un Centro Storico di Fama Mondiale, e con In Volo Su Bath conoscerete da vicino le migliori attrazioni della città e dintorni.

PANORAMICA DE BATH

Con su compra de esta guía singular de los monumentos espectaculares de Bath, está siguiendo una tradición que comenzó hace dos siglos. En el apogeo máximo de Bath como lugar de moda, sus visitantes, desde la Reina Ana a Jane Austen y desde el Dr. Johnson al Almirante Lord Nelson, podían comprar una guía de la ciudad para aprender a comportarse en sociedad y descubrir los lugares de interés.

Hoy día, se puede disfrutar de esta ciudad histórica desde un punto de vista panorámico que no estaba al alcance de los visitantes del siglo XVIII. Panorámica de Bath presenta una serie impresionante de fotografías aéreas, tomadas por helicóptero a una altura de entre 200 y 400 metros. También se utilizó un globo aerostático para fotografiar otras escenas perdurables.

Panorámica de Bath es la última de una serie de guías de fotografías aéreas, a todo color, publicadas por Unichrome.

Panorámica de Londres muestra la capital más

apasionante del mundo. Panorámica de la Inglaterra Histórica, Panorámica de Castillos y Mansiones y Panorámica de la Escocia Histórica presentan los lugares que han ayudado a formar el destino de la nación.

    Bath es considerada monumento histórico mundial. Panorámica de Bath pone de relieve los mejores monumentos de la ciudad y sus alrededores.

空から見たバース

  バースの壮観な眺望を写真に収めた、このユニークなガイドブックは、200年以上の伝統を受け継いでいます。バースが社交界の注目を浴びていた最盛期には、既に上流社会の作法やバースの見所を載せたガイドブックが出版されており、アン女王からジェーン・オースティン、ジョンソン博士からネルソン提督まで、バースを訪れる人々は皆、こうした案内書を手にすることができたのです。

  しかし、現代の読者は、18世紀には見られなかった位置から、この歴史的な町を眺めることができます。「空から見たバース」は、地上200〜400メートルの空を飛ぶヘリコプターから撮影した航空写真を収録しています。その他の写真に見られる時を越えた風景は、熱気球を使って撮影したものです。

  「空から見たバース」は、歴史的な見所の航空写真をオールカラーで紹介する、ユニクローム出版の記念ガイドブック・シリーズの最新版です。

  この他、「Over London」は活気に満ちた首都ロンドンをご紹介し、「Over Historical England」、「Over Castles and Stately Homes」、「Over Historical Scotland」(全て英語版)は、イギリスの歴史を築いた由緒ある土地を各種ご紹介します。

  バースは世界の歴史的遺跡のひとつに数えられます。「空から見たバース」は、その街並と周辺の最も素晴らしい見所の持つ魅力を、一層引き立ててくれるでしょう。

L'ABBAZIA DI BATH

I fedeli si recano all'Abbazia sin dal 676 d.C. L'Abbazia odierna è il frutto del sogno di un vescovo, e risale al 1499.

Chiamata la 'lanterna dell'ovest' per le magnifiche vetrate, l'Abbazia è considerata un superbo esempio dell'architettura gotica perpendicolare inglese.

LA ABADIA DE BATH

Los fieles han visitado el lugar que ocupa la Abadía desde el año 676. El sueño de un obispo condujo al edificio que vemos hoy, el cual data de 1499.

Llamada la "linterna del oeste" por sus vidrieras, la Abadía se considera como un ejemplo sobresaliente de arquitectura gótica inglesa perpendicular.

バース寺院

寺院の立つ場所には、紀元676年以来、巡礼者が集まってきた。今日見られる寺院の建設は一司教の夢に始まり、1499年に建てられた。

壮麗な西の窓に由来して「西の灯火」と呼ばれるこの寺院は、垂直式英国ゴシック様式の見事な建築として知られている。

ROMAN BATHS (TERME ROMANE)

Dal cuore di Bath sgorga acqua minerale calda, che i celti dell'Età del Ferro consideravano sacra. A partire dal 43 d.C. gli invasori romani trasformarono la fonte in un complesso di bagni, ed ampliarono la cittadina circostante.

Al centro dei Bagni delle Terme Romane vi è il Grande Bagno, mentre il Bagno del Re si trova sopra alla fonte sacra e al lago artificiale.

ROMAN BATHS (TERMAS ROMANAS)

Una fuente de aguas termales mana en el corazón de Bath. Los celtas de la edad de hierro la consideraron sagrada. En el año 43, los invasores romanos transformaron este lugar en un complejo de baños y ciudad circundante.

El punto central de las termas romanas es el "Great Bath". El "King's Bath" se encuentra sobre el manantial sagrado y el estanque.

大浴場跡

バース市街の中央には温泉が湧き出ている。鉄器時代のケルト族は、この鉱泉を神聖な泉として崇めていた。古代ローマ人は紀元43年に大浴場を作り、周辺に町を開拓した。

大浴場はバースの中心であり、「王の浴場」の下には神聖なる源泉と貯水池がある。

THE GUILDHALL (IL MUNICIPIO)

Il Municipio risalente al XVIII secolo e progettato da Thomas Baldwin era la sede dei sontuosi balli organizzati dai ricchi commercianti di Bath.

La Sala dei Banchetti del Municipio è una delle più belle sale in stile Adam in Europa.

Laura Place, con la sua fontana in pietra, fa da preludio al viale più maestoso di Bath, Great Pulteney Street.

THE GUILDHALL (AYUNTAMIENTO)

Este edificio del siglo XVIII, diseñado por Thomas Baldwin, fue el lugar donde los comerciantes hacendados de Bath celebraban grandes bailes.

La Sala de Banquetes del Guildhall es uno de los salones más elegantes de estilo Adam de Europa.

Laura Place, con su fuente de piedra, es el umbral del bulevar más impresionante de Bath, la Great Pulteney Street.

ギルドホール

18世紀にトーマス・ボールドウィンの設計で建てられたギルドホールは、バスの裕福な商人が豪華な宴を楽しむ場所であった。

ギルドホールの大広間は、アダム洋式の内装ではヨーロッパで最も優れた部屋に数えられる。

石造りの噴水のあるローラ・プレースは、バスで最も印象深い大通り「グレート・パルトニー通り」に続いている。

IL PONTE DI PULTENEY

Il Ponte di Pulteney sul fiume Avon venne costruito nel 1770 su progetto di Robert Adam, vincitore di un concorso per giovani architetti.

E' il solo ponte in tutta Inghilterra ad avere negozi su entrambi i lati.

PULTENEY BRIDGE

Este puente que atraviesa el Río Avon, fue construido en 1770 según planos de Robert Adam, ganador de una competición para jóvenes arquitectos.

Es el único puente de Inglaterra que tiene tiendas a ambos lados.

パルトニー橋

　エイヴォン川に架かるパルトニー橋は、若い設計士を集めたコンクールで優賞したロバート・アダムの設計で、1770年に架設された。

　両側に店が並ぶ橋はイングランド唯一。

LANSDOWN CRESCENT, SOMERSET PLACE E CAVENDISH CRESCENT

Fra le famose attrazioni di Bath vi sono le eleganti file di case a schiera in pietra, che si curvano in lievi pendii eleganti da tutti i punti di vista, ma particolarmente affascinanti se visti dal cielo.

Lansdown Crescent, costruita nel 1789, offre una veduta panoramica stupenda di Bath. Cavendish Crescent, risalente all'inizio del XIX secolo, fu opera di John Finch, mentre Somerset Place, della fine del XVIII secolo, venne costruita da John Eveleigh.

LANSDOWN CRESCENT, SOMERSET PLACE Y CAVENDISH CRESCENT

Entre los rasgos famosos de Bath destacan sus hermosas hileras de casas, labradas en piedra y curvadas suavemente en semicírculos, que ofrecen una panorámica elegante desde cualquier ángulo, pero que son fascinantes a vista de pájaro.

Lansdown Crescent, construida en 1789, ofrece una vista magnífica de Bath. Cavendish Crescent, construida a principios del siglo XIX, fue obra de John Finch, mientras que Somerset Place, de finales del siglo XVIII, es obra de John Eveleigh.

ランズダウン・クレッセント、サマーセット・プレース、カヴェンディッシュ・クレッセント

石造りの建築が緩やかな三日月形に並んだ優美な家並みも、バースの見所として賛美される。どの角度から見てもエレガントだが、空中からの眺めは一際美しい。

1789年に建てられたランズダウン・クレッセントからは、素晴らしいバースの街並が見下ろせる。カヴェンディッシュ・クレッセントはジョン・フィンチの設計による19世紀初期の建築であり、18世紀後期に建てられたサマーセット・プレースはジョン・エヴリーが設計した。

GREAT PULTENEY STREET E IL MUSEO HOLBURNE

L'alta società della Bath georgiana conduceva una vita davvero sfarzosa.

L'architettura del periodo rispecchia il suo amore per l'eleganza. Great Pulteney Street è uno degli imponenti sviluppi urbanistici di Bath, e il Museo Holburne ne è il fiore all'occhiello.

GREAT PULTENEY STREET Y EL MUSEO DE HOLBURNE

La alta sociedad de la Bath georgiana vivía en la opulencia.

La arquitectura de la época refleja su placer por la moda. Great Pulteney Street es una de las calles más hermosas de Bath, cuyo broche de oro es el magnífico edificio del Museo de Holburne.

グレート・パルトニー通りとホルバーン博物館

　ジョージ王朝時代、バスの上流社会は華々しくきらびやかだった。

　当代の建築は、こうした上流階級が好んだスタイリッシュなライフスタイルを反映している。グレート・パルトニー通りはバスに見られる壮大な造成地のひとつであり、その頂点には風格あるホルバーン博物館が立つ。

ROYAL CRESCENT E CIRCUS

Royal Crescent, completata nel 1774, è un maestoso arco di 30 case.

Royal Crescent e il Circus sono considerati due dei capolavori architettonici di Bath. Royal Crescent venne progettata da John Wood il Giovane, mentre il Circus, che comprende tre vie di bellissime case a schiera, è opera di suo padre, John Wood il Vecchio.

ROYAL CRESCENT Y EL CIRCUS

El Royal Crescent, terminado en 1774, es un arco profundo de 30 casas.

El Royal Crescent y el Circus son considerados como dos de las obras maestras arquitectónicas de Bath. El Royal Crescent fue diseñado por John Wood "el Joven", mientras que el Circus, tres semicírculos, es obra de su padre, conocido como John Wood "el Viejo".

ロイヤル・クレッセントとザ・サーカス

1774年に完成したロイヤル・クレッセントには、アーチ状に30戸の家が建ち並ぶ。

ロイヤル・クレッセントとザ・サーカスは、バース建築の傑作として知られている。ロイヤル・クレッセントはジョン・ウッド(子)が設計、ザ・サーカス(三日月形の道路を3本集めたデザイン)はジョン・ウッド(父)が設計した。

IL CIRCUS E LE SALE DA BALLO

La tradizione romana di Bath riceve ulteriore conferma dall'architettura classica del Circus, progettato per fare da eco ai grandi edifici imperiali di Roma.

Questa veduta panoramica comprende le Sale da Ballo, dove nel XVIII secolo l'alta società di Bath trascorreva il tempo danzando, giocando a carte, ascoltando musica classica e sorseggiando il té.

EL CIRCUS Y LAS ASSEMBLY ROOMS

Subrayando el pasado romano de Bath, la arquitectura clásica del Circus imita las grandes estructuras imperiales de Roma.

Esta vista panorámica incluye las Assembly Rooms. Aquí, la sociedad del siglo XVIII bailaba, jugaba a los naipes, escuchaba conciertos y tomaba el té.

ザ・サーカスと講堂

ザ・サーカスの古典様式の建築は、古代ローマ人によって築かれたバースの歴史を強調するかのように、ローマ大帝国の建築を真似て設計された。

写真のパノラマには講堂も見えるが、18世紀の社交界は、この講堂に集まってダンスに時を忘れ、トランプに熱中し、コンサートに聞き惚れ、午後の紅茶を楽しんだ。

CAMDEN CRESCENT

La graziosa Camden Crescent offre una veduta panoramica impareggiabile della valle dell'Avon. Tuttavia, proprio quando i lavori di costruzione stavano per volgere al termine, cinque case crollarono e slittarono dalla collina. Ecco perché l'opera rimase incompiuta e il frontone che vediamo oggi non si trova al centro.

CAMDEN CRESCENT

La curvatura elegante de Camden Crescent ofrece una vista incomparable del valle del Avon. Sin embargo, justo cuando las obras de construcción llegaban a su conclusión, cinco casas se derrumbaron y cayeron por la colina, lo cual explica por qué la obra quedó sin terminar y el frontón que hoy se ve no está centrado.

カムデン・クレッセント

　カムデン・クレッセントの優美な建物から眺めるエイヴォン川沿いの谷間の風景は、他に匹敵するものがない。しかし、ここには完成間近になって5戸の家が崩れ、丘から滑り落ちたと言う歴史がある。テラスが未完のまま残され、切妻壁が中央にないのも、そのためである。

IL FIUME AVON, I GIARDINI PARADE E L'ABBAZIA DI BATH

Bath è un miscuglio pacato di meraviglie naturali e opere create dall'uomo. Il Fiume Avon ha plasmato la forma di Bath, mentre la pietra color miele estratta da Combe Down è stata intagliata e levigata per creare una grande varietà di edifici. L'architettura, a sua volta, viene sottolineata dalle oasi verdi dei parchi di Bath, che vediamo nella foto.

RIO AVON, PARADE GARDENS Y LA ABADIA DE BATH

Bath es una mezcla suave de maravillas naturales y artificiales. El Río Avon dió forma al lugar; la piedra color miel, extraída de las canteras locales de Combe Down, ha sido labrada y trabajada para construir una rica variedad de edificios. Estos edificios, a su vez, se ven enriquecidos por las zonas verdes de la ciudad, que aquí se admiran.

エイヴォン川、パレード・ガーデン、バース寺院

バースには、豊かな自然と人工の遺物が入り交じった、不思議な魅力がある。エイヴォン川は土地を形作り、地元クーム・ダウンから採石した蜂蜜色の石は、彫刻され研かれて様々な建築に使われてきた。そしてこれらの建築は、写真に見られる様に、周りを取り囲む緑の草原によって一層魅力を増している。

ROYAL CRESCENT

Royal Crescent è stata progettata per armonizzarsi con il panorama aperto. Costruita fra il 1767 e il 1774, fu la prima crescent di tutta la Gran Bretagna, e ancora oggi è considerata la più bella.

Royal Crescent, che vediamo in quest'immagine in una sera d'estate, è il grazioso sfondo di un popolare spettacolo annuale, in cui le mongolfiere partite dal Parco Vittoria si librano nel cielo alla scoperta dei panorami di Bath che normalmente sono di dominio esclusivo degli uccelli.

ROYAL CRESCENT

El Royal Crescent fue diseñado para enmarcar el paisaje abierto. Construido entre 1767 y 1774, fue el primer "crescent" o semicírculo de Gran Bretaña y todavía continúa siendo considerado el más elegante de Europa.

El Royal Crescent, fotografiado aquí en una tarde estival, sirve como elegante telón de fondo para un acontecimiento popular que se celebra cada año. Los aeróstatos se elevan desde Victoria Park para descubrir panorámicas de la ciudad, normalmente reservadas a las aves.

ロイヤル・クレッセント

ロイヤル・クレッセントの家並みは、広々とした眺望を包み込むように設計された。1767年から1774年までかけて建てられたイギリスで最初の三日月形建築だが、今日でもヨーロッパで最も素晴らしいと讃えられている。

写真は夏の夕暮れ時に撮影されたが、この家並みを背景に、毎年ヴィクトリア・パークから上昇し、普段は鳥でなければ見られない町の眺望を楽しませてくれる熱気球が、今、人気を集めている。

PARCO PRIOR

Dopo aver acquistato del terreno a Combe Down, Ralph Allen, un imprenditore del XVIII secolo, decise di costruire un sontuoso edificio per dimostrare le qualità della pietra estratta dalle sue cave.

Il Parco Prior, progettato da John Wood ed iniziato nel 1735, venne costruito su una collina con vista sulla città.

PRIOR PARK

Tras adquirir un terreno en Combe Down, Ralph Allen, empresario del siglo XVIII, decidió construir una casa suntuosa para exponer y demostrar las propiedades de la piedra extraída de sus canteras.

Prior Park, diseñada por John Wood y comenzada en 1735, fue construida sobre una colina con vistas espectaculares de la ciudad.

プライア・パーク

18世紀の企業家ラルフ・アレンは、クーム・ダウンに土地を購入した後、その石切り場から出る石の質の素晴らしさを実証するため、展示用に豪華な邸宅を建てた。

ジョン・ウッドの設計で、1735年に工事を開始したプライア・パークは、バース市街を見下ろす丘の上に立つ。

IL MUSEO AMERICANO A CLAVERTON

Questo edificio classico nel cuore della campagna inglese venne progettato da Sir Jeffry Wyatville e costruito nel 1820. In esso ha sede un museo della vita domestica americana dalla fine del XVII secolo alla metà del XIX secolo.

EL MUSEO AMERICANO DE CLAVERTON

Este edificio clásico en el corazón de la campiña inglesa fue diseñado por Sir Jeffry Wyatville y construido en 1820. Es la sede de un museo de la vida doméstica americana desde finales del siglo XVII hasta mediados del siglo XIX.

クラヴァトン・アメリカ博物館

　イギリスの中央に位置する田園地帯の中に立つ古典様式のこの建物は、ジェフリー・ワイアットヴィルの設計で、1820年に建てられた。現在は、17世紀後期から19世紀中期までのアメリカの一般家庭の生活に焦点を当てた博物館となっている。

IL PARCO DYRHAM

Il Parco Dyrham è la dimora del XVII secolo costruita per William Blathwayt, Segretario di Stato del Re Guglielmo III.

Immerso in un parco a circa 12 km. da Bath e con vista sul Canale di Bristol verso le montagne gallesi, la casa contiene mobili olandesi ed inglesi, e collezioni di dipinti importanti.

DYRHAM PARK

Dyrham Park es una mansión construida en el siglo XVII para William Blathwayt, Secretario de Estado del Rey Guillermo III.

Esta casa, construida en un parque a diez kilómetros de Bath, con vistas del Canal de Bristol y las montañas del País de Gales, alberga mobiliario holandés e inglés e importantes pinturas.

ディラム・パーク

ディラム・パークは、17世紀にウィリアム三世の下で大臣を務めたウィリアム・ブラスウェイトの邸宅として建てられた。

バースから10kmほどの草原の中に立つこの邸宅は、ブリストル海峡の向こうにウェールズの山々が見渡せる位置にあり、中にはオランダとイギリスの家具や重要な絵画が保管されている。

LACOCK

L'Abbazia di Lacock risale al XIII secolo. A trecento anni dalla fondazione venne venduta dopo la dissoluzione dei monasteri da parte del Re Enrico VIII. I suoi chiostri medievali sono sopravvissuti fino ad oggi, anche se gran parte dell'Abbazia venne ricostruita nel XVIII secolo.

Sia l'Abbazia che il villaggio tranquillo ed amorevolmente conservato sono oggi di proprietà del National Trust.

LACOCK

La Abadía de Lacock data del siglo XIII. Trescientos años después de su fundación, fue vendida tras la disolución de los monasterios por el Rey Enrique VIII. Sus claustros medievales han sobrevivido al tiempo, aunque gran parte de la abadía fue reconstruida en el siglo XVIII.

Hoy día, tanto la abadía como el tranquilo pueblo de Lacock, hermosamente conservado, son propiedad del National Trust.

レイコック

レイコック寺院は13世紀頃に建てられたが、創立から300年後、ヘンリー八世の修道院解体令の後に売却された。現在でも中世の回廊は残っているが、寺院の大部分は18世紀に建て直されたものだ。

今日では寺院もその周りを囲む静かな村も、ナショナル・トラストの所有となっている。

CASTLE COMBE
A circa 16 km. da Bath e vicino all'antica strada romana di Fosse Way troviamo Castle Combe, un villaggio da fiaba dei Cotswold. Immerso nel profondo della valle boschiva, esso prende il nome dalle rovine di un castello normanno in cima alla collina soprastante.

CASTLE COMBE
A dieciseis kilómetros de Bath y cerca de la antigua vía romana de Fosse Way, está el pintoresco pueblo de Castle Combe, en la preciosa zona de los Cotswold. Situado en lo profundo de un valle arbolado, toma su nombre de las ruinas de un castillo normando que está en lo alto de la colina.

キャッスル・クーム
バースから16km、ローマ時代に使われていた道「フォス・ウェイ」の近くにあるキャッスル・クームは、典型的な絵に描いた様なコッツウォルドの村である。村の名は、その上の丘にあるノルマン族の城跡に由来する。

CORSHAM COURT
Nel periodo sassone Corsham Court era una dimora reale. L'edificio odierno del XVIII secolo contiene una delle più belle collezioni private di dipinti di Antichi Maestri in tutta la Gran Bretagna.

CORSHAM COURT
Corsham Court fue residencia real en época sajona. La casa del siglo XVIII, fotografiada aquí, contiene una de las mejores colecciones privadas de pinturas de los Viejos Maestros de Gran Bretaña.

コーシャム・コート
コーシャム・コートはサクソン時代の王族の荘園だった。今日立つ18世紀の邸宅には、個人所有のオールド・マスターの作品ではイギリス最高と言われるコレクションがある。

LA CAMPAGNA ATTORNO A BATH

A sud della città il panorama lievemente ondulato e vergine si presenta come un mosaico di campi, che ricordano un altro aspetto del passato della nazione: il patrimonio agricolo. I voli in mongolfiera nelle sere d'estate sono un modo rilassato di godersi il panorama.

LA CAMPIÑA DE LOS ALREDEDORES DE BATH

Al sur de la ciudad, el paisaje natural de suaves ondulaciones está salpicado por campos de labranza. Estos campos nos recuerdan otra faceta del pasado de la nación, su patrimonio agrícola. Los globos aerostáticos que se perfilan en el horizonte en una tarde estival, ofrecen un medio de transporte fascinante para disfrutar del paisaje.

バース周辺の田園地帯

市の南方に緩やかにうねる丘の自然のままの風景には、パッチワークのような田園が見られ、イギリスのもうひとつの歴史、即ち、農業の歴史を思い起こさせてくれる。夏の夕暮れ時、地平線に浮かぶ気球は、この風景をのんびりと楽しませてくれる。